1909. Avril 8.

175 | Chambre des Commissaires priseurs
Envoi à la Bibliothèque Nationale.

VENTE

HOTEL DROUOT, SALLE N° 1

Le Mercredi 8 Avril 1903

A 2 HEURES 1/2

BELLES BOISERIES

DES

Epoques Louis XV et Louis XVI

PEINTURES DÉCORATIVES

IMPORTANTES SCULPTURES

Bronzes — Fers forgés

MEUBLES XVIIIe SIÈCLE

Me F. LAIR DUBREUIL	**M. ARTHUR BLOCHE**
COMMISSAIRE-PRISEUR	Expert près la Cour d'Appel
6, rue de Hanovre, 6	28, rue de Châteaudun, 28

EXPOSITION PUBLIQUE

LE MARDI 7 AVRIL 1903

DE 2 HEURES A 6 HEURES

PARIS, IMPRIMERIE MÉNARD ET CHAUFOUR

C. CHAUFOUR, Successeur

8-10, Rue Milton

CATALOGUE

DE

BELLES BOISERIES

DES

Époques Louis XV et Louis XVI

Portes, Glaces, Trumeaux, Dessus de portes

PEINTURES DÉCORATIVES

IMPORTANTES SCULPTURES

Marbres, Terres cuites, Pierres

GROUPES, FONTAINE, BAS-RELIEFS, VASE

BRONZES — FERS FORGÉS

Lustres, Apppliques, Lampadaires

MEUBLES XVIIIᵉ SIÈCLE

TENTURES — TAPIS

dont la vente aura lieu

HOTEL DROUOT, SALLE Nº 1

Le Mercredi 8 Avril 1903, à 2 heures 1/2

Mᵉ F. LAIR-DUBREUIL	M. Arthur BLOCHE
COMMISSAIRE-PRISEUR	EXPERT PRÈS LA COUR D'APPEL
6, Rue de Hanovre, 6	*28, Rue de Châteaudun, 28*

Chez lesquels se distribue le présent catalogue

EXPOSITION PUBLIQUE

Le Mardi 7 Avril 1903, de 2 heures à 6 heures

CONDITIONS DE LA VENTE

La vente sera faite au comptant.

Les acquéreurs paieront *dix pour cent* en sus des prix d'adjudication.

L'Exposition mettant le public à même de se rendre compte de l'état des objets, aucune réclamation ne sera admise une fois l'adjudication prononcée.

Paris. — Imp. C. Chaufour, 8-10, rue Milton.

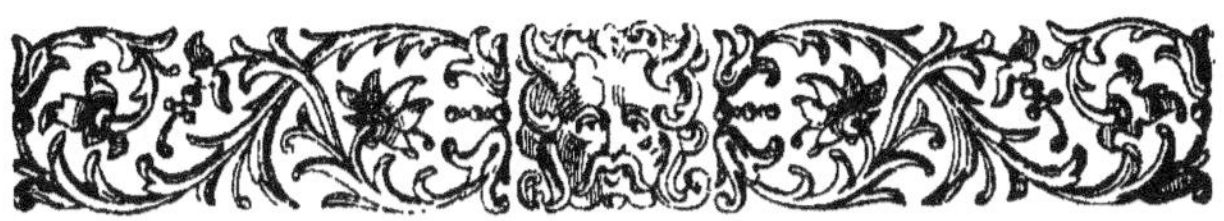

DESIGNATION

BOISERIES

1 — Belle boiserie du temps de Louis XV en bois sculpté et peint blanc composée de dix panneaux, dessin à moulures mouvementées et rocailles feuillagées.

2 — Deux portes Louis XV en bois sculpté peint blanc ornées de croisillons sur fond de glace.

3 — Deux grandes glaces avec cadres en bois sculpté peint blanc, le haut orné de guirlandes. Epoque Louis XVI.

4 — Deux panneaux Louis XV à fond de glace en bois sculpté peint blanc dessin à coquilles et volutes.

5 — Deux portes en bois sculpté Louis XV à moulures mouvementées.

6 — Grande glace avec cadre en bois sculpté Louis XV peint blanc.

7 — Deux grandes glaces avec cadres Louis XVI en bois sculpté et peint blanc le haut à guirlandes.

8 — Glace Louis XVI avec cadre en bois sculpté peint blanc le haut à attributs de musique.

9 — Glace avec cadre en bois sculpté Louis XIV peint blanc le haut orné d'une rosace ornementée.

10 — Glace trumeau en bois sculpté peint blanc rehaussé d'or le haut orné d'une peinture XVIII· siècle représentant une scène champêtre.

PEINTURES DÉCORATIVES

11-12 — ECOLE FRANÇAISE. Scènes champê-
tres. Jolis paysages animés de nombreux per-
sonnages. Quatre grands panneaux décoratifs.
Cadres en bois sculpté peint blanc Louis XV.

13-14 — LANCRET (ECOLE DE). Scènes cham-
pêtres. Quatres dessus de portes. Cadres en
bois sculpté peint blanc de l'époque Louis XV

SCULPTURES

15 — Fontaine monumentale en terre cuite, formée
par un dauphin au milieu de roseaux et
offrant dans la base deux vasques superposées en pierre sculptée, la première à culot
godronné, ornée au centre de feuilles
d'achante XVIII° siècle. Haut. 1m75 : Larg.
1m25.

16 — Amours tenant un écusson au chiffre L. B.
Important groupe en terre cuite couronné
d'oiseaux et adossé à un palmier formant mon-
tant de poêle. XVIII° siècle. Larg. de la base
1m05 ; haut. environ : 3m.

17 — Grand vase en marbre blanc sculpté culot
godronné XVIII° siècle, haut. 0m83.

18 — Deux chiens en terre cuite boule-dogue et
terre-neuve, représentés aux aguets, contre
socles en pierre, XVIII° siècle, haut. totale
0m90.

19 — Statue en plâtre teinte terre cuite, représentant l'Enfant à l'écureuil, à demi assis sur
un tronc d'arbre, orné dans le bas de feuilles de plantes aquatiques, signé CHAPPUY,
haut. 1ᵐ43.

20 — Statue de baigneuse en terre cuite repré-
sentée légèrement drapée, un bras relevé et à
demie assise sur un rocher. Signé : A. GAR-
NAUD. Travail ancien. Haut. 1ᵐ45.

21 — Deux griffons en terre cuite représentés
debout xviiiᵉ siècle. Haut. : 0ᵐ74.

22 — Quatre petits bas-reliefs en marbre blanc
ancien sculptés à sujets mythologiques. Haut.:
0ᵐ37, xviiiᵉ siècle.

23 — Deux bas-reliefs en pierre sculptée allégo-
rie à un fleuve et à une source, xviiiᵉ siècle.
Haut. : 0ᵐ55; larg. : 1ᵐ30.

BRONZES

24 — Suspension de billard en cuivre poli à deux branches de trois lumières électriques.

25-26 — Deux paires d'appliques Louis XV à rocailles feuillagées en bronze ciselé et doré à deux lumières préparées pour l'électricité.

27-28 — Deux paires d'appliques de style Louis XVI à deux lumières, en bronze ciselé et doré.

29 — Paire d'appliques à une lumière, de même travail.

30-31 — Deux grands lampadaires formés par une statue de faune et de faunesse en bronze à patine noire, et tenant une corne d'abondance feuillagée, socles en marbre gris veiné ornés d'un tore de lauriers en bronze. Hauteur 1^{m}40.

32 — Lustre d'atelier en bronze à patine brune
forme roue à vingt-quatre lumières, préparées
pour l'électricité.

33-34 — Deux paires d'appliques Louis XIV à
trois lumières en bronze ciselé et doré modèle
à lyres ornées de têtes de mascarons et dans
le haut de palmettes feuillagées, préparées
pour l'électricité.

35 — Deux flambeaux en bronze doré et gravé,
ornés de plaquettes de malachite.

36 — Lustre Louis XVI en bronze ciselé et doré
à quinze lumières, modèle à cornes d'abondance, se terminant en rinceaux feuillagés, le
bas orné de trois figurines d'amours musiciens,
suspendu à trois cordes retenues par une figu-
rine d'amour, préparé pour l'électricité.

37 — Grand lustre Louis XIV en bronze ciselé et
doré à dix-huit lumières, modèle à rinceaux
feuillagés, culots à godrons et mascarons, et
terminé par une pomme de pin, préparé pour
l'électricité.

83 — Lustre Louis XV en bronze ciselé à rocailles fleuronnées, à quinze bougies, préparées pour l'électricité.

39 — Petit lustre Louis XVI en bronze ciselé et doré modèle à cornes d'abondances se terminant en rinceaux feuillagés, et reliés à un carquois, préparé pour l'électricité.

40 — Grand lustre Louis XIV en bronze à patine noire, à quinze lumières formées par des rinceaux, tige à deux boules superposées, culot à feuilles d'acanthe, préparé pour l'électricité.

41 — Paire d'appliques Louis XV en bronze ciselé et doré à deux lumières modèle à rocailles feuillagées.

42 — Garde-feu en fer forgé décor à rocailles, époque Louis XV.

43 — Garde-feu en fer forgé offrant sur le devant une palmette, époque Louis XIV.

44 — Garde-feu en fer forgé à losanges et étoiles offrant sur le devant en repoussé une ove flanquée de deux ailes. Epoque fin Louis XVI.

45 — Garde-feu en fer forgé, modèle à treillages ornés de petites rosaces en bronze doré. Epoque Louis XVI.

46 — Devant de cheminée en fer forgé et grillagé à rinceaux. XVIIIᵉ siècle.

MEUBLES

47 — Bel ameublement de salle à manger en bois sculpté peint blanc, composé de deux buffets à dessus de marbre brèche, d'un dressoir, d'une servante, d'une table ronde et de vingt chaises foncées de canne. Style Louis XV.

48 — Bureau plat en bois sculpté peint blanc. Style Louis XV.

49 — Deux bergères en bois sculpté peint blanc couvertes en soirie fond vert. Style Louis XVI.

50 — Tabouret de même style.

51 — Encoignure en vernis Martin garnie de bronze, dessus marbre. Ep. Louis XV.

52-53 — Deux encoignures en noyer. Epoque Louis XVI.

54 — Banquette renaissance en noyer sculpté recouverte en tapisserie.

55 — Toilette en bois peint blanc.

56 — Toilette d'enfant en bois peint blanc.

57 — Toilette en bois naturel surmontée d'une glace.

58 — Glace avec cadre en acajou et citronnier.

59 — Toilette en bois d'érable.

TENTURES, TAPIS

60 — Trois paires de rideaux en soierie rose.

61 — Deux paires de rideaux en damas de soie
jaune avec lambrequins assortis.

62 — Tapis de table analogue.

63 — Tapis d'escalier avec ses tringles.

64 — Six stores en soie crême.

65 — Objets omis.

www.ingramcontent.com/pod-product-compliance
Lightning Source LLC
LaVergne TN
LVHW021619170726
843501LV00010B/4049